INTEMPERIE DEL DESEO

INTEMPERIE DEL DESEO

JESÚS AGUADO

CAPITANES
COLECCIÓN DE POESÍA

7/10

Nautilus
EDICIONES

INTEMPERIE DEL DESEO
Primera edición: abril 2024

© De los poemas: Jesús Aguado
© De la fotografía del autor: Ima Garmendia
© Del diseño de cubierta y maquetación: Nautilus Ediciones
© De la selección de poetas y coordinación editorial: Samuel Trigueros
   Nautilus Ediciones
   nautilusedicioneshn@gmail.com

ISBN: 978-84-10241-17-6
Depósito Legal: Z 719-2024

Impreso en España, Unión Europea

JESÚS AGUADO
(España, 1961)

Ha vivido en Sevilla, Málaga, Benarés (India) y actualmente lo hace en Barcelona. Sus últimos libros son: *La casa se mueve. Antología de la nueva poesía cubana* (maRemoto, 2001, con Aurora Luque), *No pasa nada. Los poetas beats y Oriente* (El Bardo, 2007), *El fugitivo. Poesía reunida: 1984-2010* (Vaso Roto, 2011), *La insomne. Antología esencial* (FCE, 2013), *Sueños para Ada* (Hiperión, 2014), *La luna se mueve quieta* (Isla de Siltolá, 2015), *Carta al padre* (Vandalia, 2016), *Fugitivos. Antología de poesía española contemporánea* (FCE, 2016), *Therigatha. Poemas budistas de mujeres sabias* (Kairós, 2016), *¿En qué estabas pensando? Poesía devocional de la India, siglos V-XIX*

(FCE, 2017), *Diccionario de símbolos* (Editora Regional de Extremadura, 2017), *Paseo* (Luces de gálibo, 2017), *Benarés, India* (Pre-Textos, 2018), *Dice Kabir y otros poemas* (Pre-Textos, 2019), *No le hagas preguntas a la tristeza. Antología de poemas de las tribus de la India* (Línea del horizonte, 2019), *Completamente siendo* (Luces de gálibo, 2020), *Heridas que se curan solas. Aforismos sobre la poesía* (Libros de la resistencia, 2020), *Todos mis amores imposibles* (Vagamundos, 2022), *Los 108 nombres de Dios* (Olé, 2022) y *Aquí se arregla la sed. Soleares* (Luces de Gálibo, 2023). Es traductor, crítico y coordinador de talleres literarios.

INTEMPERIE DEL DESEO

Qué hacer con el deseo que no somos,
ya no, y se deshilacha
como cuerda dejada a la intemperie.

Qué hacer con esa luz que no ilumina
y, apagada en su sombra, pura sombra
impura, se detiene
al borde de un abismo que ya no reconoce

y no lo acepta y va, se va, no cae

por él, por nadie, un grito que no grita,
un vuelo sin volar que niega el aire.

Qué hacer cuando te sientes
deseado por nadie y siendo nadie,

vacío de vacío,

en un tiempo sin tiempo
donde la soledad ya no es promesa,
espera, territorio, invitación,

lo fértil, lo regado,

sino cerca de espino, can salvaje,
esa tierra baldía,

la sed, toda la sed
derramándose seca por las manos.

Qué hacer cuando te miran sin mirarte,
escorpión sin veneno ni cobijo
que aplastan sin querer mientras caminan.

Qué hacer o dónde estar o cuándo toca
que te digan ya no
                        y que te aparten
como se apartan ramas en el bosque
o las piedras del suelo que podrían
dañar a los amantes.

Qué hacer cuando las huellas del deseo
ya no guardan memoria de los pasos
ni dibujan el dulce laberinto
del amor y se ocultan
bajo capas crujientes de hojas muertas.

Qué hacer o qué no hacer
cuando el ser te rechaza de su nada

y recoge la mesa
antes de haber comido

y se lleva los grifos y las mantas
y corre las cortinas
y baja la escalera dando saltos

como hiciera contigo alguna vez.

ORACIÓN POR MIS PADRES

Desde antes de nacer os amaba en los árboles
y en las vías del tren y en las ventanas.
Desde antes de nacer ya nací en vuestros ojos
que miraban las cosas
que yo también vería alguna vez:
los ríos y las casas, la oscuridad y el eco,
los pasos en un suelo de madera, la comida caliente,
el estremecimiento, la compasión, las risas.
Nací de vuestros ojos mirándose en los ojos de la vida.
De vuestra luz de estrella guiando al navegante
                                    [que llegaría a ser.
De vuestra fe en el tiempo y los abrazos.
Desde antes de nacer os amaba en vosotros,
emboscado en vosotros, creciendo con vosotros:
ni semilla siquiera de futuro
pero sintiendo ya que me cuidabais como el aire a sus aves;
sin nombre todavía
aunque todas las cosas me nombraban ya a mí.
Qué feliz coincidencia la que me trajo al ser:
vuestros ojos cruzándose en un baile,
vuestras manos brotando en el humus regado del deseo,
vuestras palabras limpias construyendo un camino en el que yo
dejaría muy pronto mis huellas diminutas.
Qué feliz coincidencia estar aquí, ser esto, tener sitio.
Sólo por eso os amaría
como un volcán al centro de la tierra,
como una ley a sus repeticiones,

como una cuna a su bebé dormido.
Nací, y fue para siempre, de vuestra alfarería,
del barro del azar y del amor
en el que moldeasteis mis piernas y mis sueños.
Os doy las gracias y también le doy las gracias al sentido
que dicta el crecimiento de las uñas
y el magma en espiral de las constelaciones.
Os doy las gracias por ponerme un pie
en el Origen y el otro en el Fin,
por hacerme misterio y recorrido y reflejo y distancia
                                        [y este punto.
Os doy las gracias por haber creído en la difícil posibilidad
de que yo alguna vez leyera libros
o de que el vino rojo bajara por las suaves comisuras
                                        [de mi amada
hasta mi lengua temblorosa
o de que comprendiera esa antigua verdad que enuncia
                                        [un barco por un río.
Sin vosotros me hubiera perdido el Universo,
las ensaladas, los amigos, el otoño en el sur,
los cuentos de vampiras, el sexo en catarata,
los colores, la luz, el humor, los jerseys.
Sin vosotros no hubiera hallado ningún yo para vestirme
y estaría ambulando por la Nada,
un fantasma del No, un círculo intrazado, un vacío vacío.
Os doy las gracias por haberme rescatado del Nunca
                                        [y del Jamás.
Y le pido a esta mesa
y a la sonrisa de esa niña que juega en el jardín
y al chillido del mono que me exige las sobras
y a la higuera feraz y a las ardillas
y a las nubes lentísimas que aplacan el ardor de mi mirada
y al bolígrafo azul y a la página en blanco

y a los cojines rojos y a los ventiladores:
le pido al mundo y a las cosas que
os cuiden a vosotros tan bien como vosotros me habéis
                                    [cuidado a mí.
Que os cuiden con el mismo amor que ya os tenía
desde antes de nacer en vuestros ojos.

PLEGARIA DE CAZA ESQUIMAL

Arpón, hijo del oso blanco,
arpón que aún recuerdas el tiempo del deshielo
y el sabor de la trucha,
no te duermas, arpón, en el aire,
arpón, hueso de un oso blanco
y hermano de mis botas y de la grasa
que protege mi piel de la ventisca y la nieve,
arpón, no te duermas en el aire
ni te distraigas
por el crujir del iceberg
o los destellos de la aurora boreal,

arpón, sal de mi mano
y tráeme una foca
para poder efectuar el Gran Reparto:
para los perros del trineo, los tendones y el tuétano;
para mí y mi compañera de iglú, sus vísceras y la carne;
para ti, arpón, hijo del oso blanco, el corazón caliente
                              [donde habita la Fuerza;
y el espíritu y la sangre y el humo del asado,
para el Cazador que lanza sus arpones de luz desde Arriba,

arpón, hijo del oso, hijo del Cazador,
valiente arpón que no se duerme en el aire,
tráeme una foca aunque ya sea viejo.

Que se me caigan los dientes,
que la lepra ponga huevos en mis ojos,
que miles de gusanos excaven túneles
desde mis heridas abiertas hasta mi corazón,
que un elefante ebrio cocee un muro de adobe
y éste se desplome sobre mí,
que una cobra loca se enrosque en mis genitales,
que un rayo incendie mi choza mientras duermo,
que los escarabajos de la pimienta
mastiquen mis oídos lentamente:
que me ocurra todo esto
si vuelvo a decirte que te amo,
si vuelvo a pensar en ti,
desagradecida y mentirosa,
torpe mujer de barro y nubes.

Te amo.
No puedo dejar de pensar en ti.

Como hormigas en fila:
                              un yo que se disgrega
necesita encontrar un agujero,
una envoltura,
                    un nombre,
eso que tan ufanos denominamos mundo.

Vikram Babu pregunta:
                        ¿tú también?

Como los cascabeles atados al tobillo,
que suenan al saltar la bailarina,
al golpear el suelo,
                    al girar,
al alzar una pierna
                    o doblar la cintura.
Y luego, ya guardados en su bolsa,
suenan contra la espalda
                    del culi que la lleva.

A aquella le regalan mil monedas
por su bella función.
                    A este le gritan
por haber despertado a los que duermen.

El cascabel es sabio:
 no distingue
de castas ni de oficios,
                    y se ríe de todos:
como el pobre de Babu y sus palabras.

Vikram Babu pregunta:
                    ¿lo sabías?

CARTA DE RILKE A MERLINE

Llevo meses mirando trabajar a una puerta.
Lo he abandonado todo: los libros, los paseos,
la tarea imposible de atarme los cordones.
Me fascina el imperio que demuestra
sobre su propio espacio: nadie puede
ignorarlo, invadirlo, desterrarla,
como si fuera sólo un objeto sin luz,
sin un riesgo mortal: que ella misma le encierre:
o en el mundo de afuera donde acecha el león
o en el mundo de adentro donde acecha
la ausencia del león.
Una puerta recorre su elíptica con aires
de planeta, y también
es hembra y macho a un tiempo como todos los astros.
Hay que pactar con ella, es decir, aceptar
que existe el universo y unas leyes eternas:
que el cuerpo es una puerta, que Dios es una puerta,
que una puerta es un cuerpo y que una puerta es Dios,
que todo es una puerta y que una puerta es todo.
Traspasarla es tan fácil y a la vez tan difícil
como mover un ojo o respirar
pues sólo está al alcance de los vivos.

Esa puerta que llevo tantos meses mirando
trabajar eres tú, y cuando al fin me entregue
su corazón,

esa dulce constancia sideral,
ya podré aproximarme, cruzarte y descubrir
el otro lado de las cosas.

LU BAN

507-444 (o 440) a. C. Patrono de los arquitectos chinos, vivió en una época de gran inestabilidad (periodos conocidos como Primavera y Otoño y de Los Estados Combatientes: 722 a. C.-222 a. C.) a causa de las guerras civiles que asolaron el país. Fue también carpintero, ingeniero y estratega. Varios de sus inventos están catalogados, entre otros, en *Los Archivos del Origen de las Cosas y los Hechos*, de Gao Cheng. Como carpintero fue el primero en trabajar sin la necesidad de usar ni clavos ni colas. Se cuenta que tras haber fabricado una silla inestable y de aspecto tosco, la arrojó desde una de las murallas de su ciudad; cuando ésta chocó contra el suelo, se transformó en una hermosa silla completamente sólida. Uno de sus ayudantes (su nombre no ha pasado, por desgracia, a la posteridad) compuso, inspirado por el asombro que le produjo tal acontecimiento, un poema que algunos estudiosos (entre ellos Arthur Cotterell, que lo comenta en su *The early civilization of China*), han calificado de taoista porque su verso inicial reproduce aproximadamente y desarrolla el primero del fragmento 49 del *Tao Te Ching*:

El Maestro no tiene mente.
El Maestro no tiene manos.
El Maestro le pidió prestadas su mente y sus manos
a los árboles del bosque.
El Maestro le pidió prestadas su mente y sus manos
al aire, a los arroyos, a los animales salvajes.

El Maestro, por fin,
le pidió prestadas su mente y sus manos
al Vacío.
Con todas esas manos y mentes
el Maestro se puso a pensar una silla
y luego se sentó en la silla que había pensado
y entonces la silla le tiró al suelo
y el Maestro, sin perder su serenidad,
entendió lo que la silla quería decirle
y la arrojó por la muralla.
Cuando se detuvo, como una hoja,
sobre la tierra húmeda por el rocío de la mañana
la silla le devolvió su mente y sus manos
al bosque, al aire, a los arroyos, a los animales salvajes
y también al Vacío.
La silla es ahora el Maestro de mi Maestro,
que se posa en ella como una mariposa
en la temblorosa rama de un rododendro.

ME ACUERDO DE MARÍA ZAMBRANO

Me acuerdo de sus ojos de una vez,
sus ojos desmirándome, hilachas de sus ojos
ordenando la niebla del salón.

Me acuerdo de la luz que se filtraba
por las persianas y se detenía
al borde del sofá tapizado de verde
y luego, al avanzar la tarde, se llevaba
consigo la otra luz, la de sus pensamientos
hilvanados con brillos, fulguraciones, soles.

Me acuerdo de Aristóteles, alígero y cordial,
de su alma de funámbulo,
de sus palabras tensas como cables
vibrando en el abismo que había entre nosotros.

Me acuerdo de que yo dejaba de ser yo
y me recomenzaba y me extinguía
como un puente quemándose antes de construirse.

Me acuerdo de Blanquita,
del laberinto de sus uñas, de
cómo ronroneando me clavaba
sus sueños de ratones metafísicos
en el regazo, de que era la gata quien
parecía escribir, con su letra afilada,

las cartas de María
y las dedicatorias de sus libros.

Me acuerdo del cigarro fumándose sus manos,
que de pronto eran nubes
navegando en el cielo de la Idea.

Me acuerdo de los jabalíes,
me acuerdo de su amor sin cazadores.

Me acuerdo de esperar en el Retiro,
mientras llega el momento de subir a su casa,
buscando la paloma de Kant que, como yo,
solo puede volar si un medio (el aire, el otro)
le opone resistencia.

Me acuerdo de sus libros, que represaba enteros
con rayas de mis lápices o troncos de castor
para ser cada gota del río de sus páginas.

Me acuerdo de quedarme callado sin saber
hacia dónde callarme, en qué silencio
me quedaría a solas, sin avideces, quieto,
sabiendo sin saber, como un claro del bosque
no sabe qué es un claro ni sabe qué es un bosque.

Me acuerdo de anudarle los cordones
de sus zapatos negros.

Me acuerdo de la anciana medio ciega,
lentísima y veloz como el asombro
de estar de pronto vivo entre los vivos,

guiando con sus pasos y sus risas
al joven visitante hasta la puerta.

Me acuerdo de ser ella
sin haber merecido todavía
haber sido yo mismo.

Me acuerdo de temblar bajando el ascensor.

METAMORFOSIS

antes de comenzar fui una llanura
sus caballos salvajes y sus lagunas frías
sus regueros de estrellas y planetas
que en fila se dirigen a trabajar al cielo
sus hormigas que al alba regresan a sus hoyos
cargando las elípticas los giros regulares
atesorando fórmulas para el tiempo del caos
antes de comenzar cuándo fue aquello
y por qué una llanura y no una cordillera
por qué caballos no muflones
por qué lagunas en vez de saltos de agua
antes de comenzar también fui el eje
de un viejo carromato manejado por nadie
la tempestad de arena que lo volcó el chirrido
que hacen las ruedas cuando giran
los buitres que se posan en su fleje herrumbroso
y se atusan las plumas aguardando a que nazca
entonces de repente soy un cactus
una deflagración de espinas
esta carne sin sed que avanza por el páramo
husmeando a las hienas
y las minas de zinc abandonadas
buscando al que será para darle su leche
y la inmovilidad que es la flor del vacío
soy un cactus que busca al que seré
preguntando a las larvas y a las víboras

al torcecuello a la mangosta
al alacrán al zorro a la iguana al milano
con preguntas que pesan como un menhir que están
situadas allende la conciencia
un cactus que se mella las puntas con un bote
de hojalata y de pronto se transforma
en un niño que juega a las canicas
en un solar
atestado de escombros
pero quizás no sea un niño
sino un grupo
todos los niños de este barrio
que comen duermen chillan defecan y destrozan
una constelación de niños
girando la peonza subiéndose a los árboles
dejándose rodar por los taludes
al fondo de los cuales les aguarda
esa botella rota que es la vida
un niño que en efecto da vueltas y más vueltas
él mismo una bolita de cristal que ha impulsado
con infalible puntería el tiempo
soy un niño por tanto que vuelve a ser un cactus
soy un cactus que vuelve a ser llanura
de nuevo soy un cactus de nuevo soy un niño
y sigo dando vueltas y más vueltas
hasta que al fin me frena la pata de una cama
y escucho una estampida de cuerpos desbocados
el tintineo del quinqué y del aguamanil
el balanceo de ese espejo con apenas azogue
en cuyo fondo vése
dos glúteos una mano un pecho medio rostro
luego las corvas luego
una espalda surcada por un cabello rubio

luego un puño crispado
luego un cactus y luego una llanura
luego tan sólo una cerilla y una araña en el techo
sigo al pie de la cama
y hasta que ella no me nombra cariño pásame las medias
no sé que soy las medias negras de esta mujer
océano de nylon para dos tiburones
precipicio de nylon para manos suicidas
nubes de nylon para arcángeles músicos
humareda de nylon para facilitar
que se escapen ladrones asesinos sonámbulos
cariño pásame las medias pero el hombre
sacude la ceniza del cigarro
y travieso me arroja hacia la calle
con un gesto de rama que azota el vendaval
me arroja hacia la calle por la ventana abierta
y mientras cruzo el cuarto les veo en el espejo
un pellizco una nuca veinte manos un codo
luego me quedo ciega al pasar el alféizar
soy una media negra que desciende en la noche
un remolino negro que se duerme en el aire
algo negro que cae durante varias vidas
un agujero negro que amenaza engullirse
las naves los cometas mis palabras la luz
mas que se posa lento y dulce
sobre un papel en blanco
sobre un papel en blanco sobre el cual aterrizan
las letras con su negra procesión
de hormigas voladoras que regresan al llano
para contar el orden que reina en las estrellas
cariño pásame las medias dice el texto
un agujero negro dice el texto
un cactus dice el texto

una llanura dice el texto
el texto dice el texto
yo soy el texto dice el texto
mas quién es yo si he sido tantas cosas
llanura cactus niño medias texto
y el texto dice yo me golpea las ingles
me aplasta las falanges me desencaja el húmero
apaga cigarrillos en mis plantas
pero nadie confiesa
y un mango de cuchara me revienta los ojos
tu puta madre chilla el texto empapado en sudor
dónde está yo se desgañita el texto
conecta el electrodo a mi sexo sonríe
empuja la palanca y justo entonces
el texto dice yo y se desvanece
estaba torturándose a sí mismo
preguntando por sí a una imagen de sí
el texto dice yo y se desvanece.

MENDIGO

I

Si no te pido nada.

O sí:
que dejes intocada mi intemperie.

II

Monedas de vacío
para comprar la muerte

antes de que la muerte
me compre en la subasta.

III

No me quites el sol.

¿Acaso tú sabrías cómo hablarle?

IV

Tú eres mi enfermedad.
Tú eres el hambre de mis hijos.
Tú eres mi no trabajo.
Tú eres mi compañera triste.
Tú eres el frío y el calor.

Cualquier cosa no tuya bastará
para salvarnos.

V

Por esta calle nunca pasa nadie.

Me haré rico.

VI

Harapos.
          Suciedad.

Me duelen las rodillas.

Espero una limosna verdadera:
que alguien me cambie el sitio.

VII

¡Esa mosca, esa mosca!

Ah no,
            que era una mano
arrojándome tiempo en calderilla.

Siempre igual:
me dan lo que ya tengo.

VIII

El mendrugo y el vino peleón:

el cubo de basura es más humano
que los hombres.

IX

En el portal:

las palabras de amor de los cartones.

X

Dos granitos de arroz
se alimentan de mí.

¿Se quedarán con hambre?

XI

El cuenco entre nosotros:

el pozo donde el tengo
se ahoga en el no tengo.

XII

Esa palabra rota,
la que vas a tirar,
dámela a mí:

                    yo puedo
coserla al corazón de las palomas.

XIII

No me ves cuando pasas a mi lado.

Tu ceguera es mi pan.

XIV

El aguacero.

Dos gatitos maúllan.

Toldo de plásticos.

XV

Llegar al vertedero
con la sonrisa limpia

como un escalador
                    a una cumbre nevada

y rebuscar, para el descenso,
los pasos y el oxígeno desechados por otros,
la muerte usada.

XVI

Me está grande el jersey.
Me están pequeños los zapatos.

Ni yo soy de mi talla.

XVII

Chabolas:

hechas de lo que sobra.

Hechas en lo que sobra.

Sobras de nuestras sobras.

Alzarlas y esperar
a que el fuego o la lluvia
las apuntalen y embellezcan
como palacios
mordidos por la nada.

XVIII

Chabolas:

graneros de la nada.

XIX

La fiebre pone
su manita en mi frente

y me receta globos y cometas.

XX

Alguien me va a pegar
mientras esté dormido.

Pobres piedras y palos,
                              pobres navajas,
                                          pobres
cadenas y mecheros:

perderán su inocencia
golpeando al vacío.

XXI

No me des lo que es tuyo.
¿Para qué lo querría
                              quien no cree en el Yo?

No me des tu cadáver.
¿Para qué lo querría
                              quien no cree en la Muerte?

Que el dar se dé
                    por medio de tu mano.

XXII

La niña.
         El charco.

Un barco de papel.

El sol se para.

XXIII

Esa mujer que pasa sin fijarse.

Pero su abrigo rojo
                   desanuda un botón
que rueda hasta pararse junto a mí.

¡Lo entiendo todo!

XXIV

Mi propia
hambre inatendida:

cuando duermo una rata
sale de mí
y me lame los labios
                en busca de miguitas
de pan o leche seca.

EL TIEMPO Y LA ETERNIDAD

Estoy cansado de ser alguien parecido a sí mismo cada día,
de ser ese destello de sol en mis ojos cuando el agua desnuda
un cuerpo que deseo, de ser esa gaviota
que planea en el cielo de mi mano y un instante después,
cuando la cierro,
desaparece,
                              cansado de ser tiempo en vez de fruta,
de ser espacio en vez de luz —o ni siquiera luz: un soplo
                                                   [que vacíe,
un vendaval inmóvil que me borre del todo—,
cansado de ser alguien parecido a las cosas que contempla
                              [y a los cuerpos que abraza
pero distinto de las cosas y los cuerpos, incluido su cuerpo,
ese animal extraño y acezante que persigue mi rastro
                              [más allá de la muerte.

Si supiera dormirme en las manos del tiempo,
                    [como duermen duraznos y granadas,
en vez de suplantarle, de intentar ser yo mismo el tiempo,
lo que mirara y abrazara ya no serían cosas,
                              [ya no serían cuerpos:
estaría mirando y abrazando mi propia eternidad.

VARIACIONES SOBRE LAS TRISTEZA

Está desnudo todo lo que toco porque mis manos
                                      [son la desnudez.
La piel de una pantera, la de un melocotón,
la de una espalda, la del mar de otoño
son la misma: mis manos las despojan de aquello que
                                      [las hace diferentes:
su color, su textura, su grado de tensión, su tamaño, su historia
de heladas y de incendios, su hartazgo o su necesidad
                                      [de sentir otro roce.

Mis manos aman la tristeza que se esconde en las cosas,
la tristeza que elige el centro de los seres, lo que llamamos alma,
y que se queda allí tan quieta que parece que
                                      [no ha existido nunca.

La tristeza desnuda: devuelve a cada cuerpo la claridad perdida
y a cada luz le da el cuerpo que ha soñado.
Al cuerpo le desnuda de su cuerpo y a la luz de su luz.
(Ciertos amaneceres, ciertos hombres cansados, ¿no son
                                    [idénticos, y no se funden
como el agua de lluvia con el agua de río?)
Bajo la mano limpia de la tristeza todo se desnuda de sí
y se llena de mundo, y cada cosa es
el resto de las cosas menos ella.

EL PAN

Al hormiguero
van las hormigas
llevando migas
de pan casero.

También gatazos,
patos y peces
comen a veces
pan a pedazos.

En tu bolsillo,
haciendo partes
que tú repartes,
tu bocadillo.

Son tan felices
hormigas, gatos,
peces y patos,
son tan felices

con tu alimento
que hago más panes,
pastas y flanes
en un momento.

A tu manera
a los bichitos

aunque a trocitos
te das entera.

LA DIANA

Tan concentrada en la diana
te olvidas de lo demás.

Con los ojos semiabiertos
y el pulso semiincapaz

alrededor se abre un hueco
que nada puede cruzar.

El dardo baila en tu mano,
bien cargadito su imán,

dudando si adelantarse
o dar un pasito atrás.

La diana también te mira
y se mira en tu mirar,

pues ella es tu espejo y tú
su espejo y su despertar.

El dardo mueve tu mano
y, a punto ya de lanzar,

la diana dice que no,
que no quiere trabajar,

se baja de la pared
y se marcha a otro lugar.

Ya no hay hueco en torno a ti,
por fin me puedo acercar.

Seré tu diana, hija mía,
en mí siempre acertarás.

LA GORDA

Como un niño a una rueda,
la llevaba rodando a todas partes.
Nunca le dije gorda. Le llamaba
mi pequeño planeta expulsado del cielo,
mi hamburguesita doble, mi ballena.
Yo no era su novio sino un extraterrestre
llegado del espacio para ponerla en órbita,
o una familia hambrienta la tarde de un domingo,
o el capitán Ahab. A veces explotábamos
de gozo, y mi bombona de azúcar me dejaba
malherido y feliz como un buzo mordido
por su propia escafandra. Una tarde al llegar
a una calle con fuerte pendiente la empujé
sin calcular las consecuencias
y se salió rodando de mi vida.

Viajero, en esta tumba yace un hombre
que antes fue mariposa y luego piedra
y más tarde un esclavo, una leona,
la sombra de un olivo en un bebé,
un sendero en zigzag, un río sordo,
un sestercio rodando, un gladiador,
una mujer peinándose, y el barro
que en un día de lluvia las cuadrigas
lanzan contra los jueces impertérritos.
Quizás también fui tú, viajero imberbe,
o lo seré mañana. Ten cuidado.

RETRATO DE GRUPO CON SORPRESA

Alguien sonríe y alguien monda kiwis.
Alguien te venda los ojos y te lleva despacio ante un espejo.
Alguien golpea el suelo de madera y canta como un bosque
                              [cuando la niebla baja.
Alguien duerme cachorros y echa troncos al fuego de castaño.
Alguien baila con gotas de lluvia y alguien llueve detrás
                                   [de las ventanas.
Alguien friega los platos. Alguien se cuenta los latidos.
Alguien susurra. Alguien lía cigarrillos.

Alguien desea y se lo calla.

Alguien pone colores y alguien abraza un árbol
                         [que se abraza a sus sueños.

Alguien es muy feliz y se lo calla.
Alguien ya no es feliz y se lo calla.

Alguien pone la mesa y alguien sirve vino.
Alguien mea detrás de los arbustos.
Alguien pinta en las páginas de un libro y alguien pinta
                              [en las páginas del alma.
Alguien se quita los zapatos.
Alguien piensa en los ángeles.

Alguien abre las puertas de la casa y las puertas del tiempo.

Alguien mira con sed a los desconocidos.
Alguien hace preguntas que sólo pueden responder
                    [las hojas amarillas que crujen en el suelo.

Alguien que somos todos escribe este poema.

Alguien que somos todos hace todas las cosas
y hace el mundo y los ríos y las luces.

Ése el gran juego y ésa la sorpresa.
Que entre todos hacemos que la luna lunee
                         [y que las manos manen.
Que entre todos hacemos montañas de montañas.
El juego de estar juntos y construir la noche.
La sorpresa de ser, de mirarse, de abrirse.
El juego y la sorpresa de entregarse a la entregarse
como el viento se entrega a la fuerza del soplo,
como el zorro se entrega a las huellas calientes de la liebre,
como el agua se entrega al cauce que la dice.

Alguien que somos todos
ha inventado este juego de la vida,
esta sorpresa de encendernos los unos a los otros.
Que nadie pare esto.
Que alguien le diga a alguien que nadie pare esto.

LECCIÓN DE METAFÍSICA

Lo que existe parece que no existe
porque tú lo has tocado ser adentro,
porque tú lo has tocado beso adentro
con la nerviosa lengua de la nada.

Me palpas con tus manos infinitas
(no son manos, lo sé, sino estallidos:
el tiempo que no llega nunca a tiempo)
y se borra mi cuerpo, y al borrarse
por fin se hace visible: un signo cero
suspendido en el aire entre nosotros.

Me piensas con tu boca y con tu sexo,
esos dos silogismos refutables,
esos dioses borrachos que han perdido
la pizarra o azar donde escribirme.

Y al pensarme me restas, me haces menos,
me deshaces, me viertes al vacío,
me entregas al no ser
                    y maniatado.

Parece que no existo por tu amor
porque tu amor me funda, es el origen,
ese punto o lugar donde está todo
(también lo que no está: tu ausencia: nada).

Tu cuerpo me hace náufrago, un islote
que el cosmos ignorase, un meteorito
tachado de los mapas y los ojos,
nave sin un planeta al que volver
que fuera disolviéndose en lo oscuro.

Tu cuerpo hace que exista lo que existe:
tu cuerpo hace imposible lo que existe.

Lo que existe parece que no existe
porque tú lo has dejado sin besar.

Parece que no existes porque tienes
unos labios carnosos y unos dedos
que dibujan el mundo.

                             Nada y todo
se abrazan en tus piernas cuando salen
a respirar del fondo de tu mente.

Me piensas con tu nuca y con tu ombligo,
me piensas con tus huesos y tus músculos,
me piensas con las sillas de tu casa,
me piensas con el agua y el jabón,
me piensas con los árboles del bosque,
me piensas con tus heces y tus gritos,
me piensas no pensándome y pensándome.

Me piensas, no me piensas: es lo mismo.

En ti me piensa el tiempo y me piensa el espacio.

Me piensan las paredes de este cuarto,
me piensan con la cal y con las manchas,
me piensan con la sombra de mi cuerpo.
Y al pensarme me borran, ya no estoy

y ya no queda nadie en este cuarto.

El amor es un cuarto que no existe
donde duerme a resguardo lo que existe.

Me piensas con el ser, con el no ser,
me piensas con los números caídos
del portal de la casa donde vives,
me piensan tus jadeos, tus dos gatos,
el barro de las ruedas de tu coche,

me piensan tus palabras cuando callan
y ya no son palabras sino cuerpo.

Busquemos el silencio para amarnos.

Dejemos de pensar, de ser nosotros.

Entre el ser y la nada una rendija
que no les pertenece, una tierra de nadie,
la madriguera de la vida.
No me pienses y escribe nuestro amor
en la tierra de nadie del poema.

Cuando Alejandro de Humboldt (siglos XVIII-XIX), en su viaje de exploración por el Amazonas y el Orinoco, llega a la población venezolana costera de La Guaira se encuentra con "el azote de la fiebre amarilla". "Las víctimas habían sido, en su mayoría, individuos dedicados a la fatigosa profesión de leñadores, en las selvas cercanas al pequeño puerto de Carúpano o del Golfo de Santa Fe, al oeste de Cumaná". En la zona a la fiebre amarilla se la denomina, como también constata el naturalista, "vómito prieto" o "vómito negro". Y aunque él, en su crónica, no da más datos, el botánico francés que le acompañaba, Aimé Bonpland, recogió en su diario personal que la fiebre amarilla, según creencia de los indios del lugar, era la venganza de los árboles contra los que les despertaban de su largo sueño de raíces y ramas. El que tala un árbol se expone a que éste, en defensa propia, le escupa el veneno de su "savia seca", que se almacena enrollada en los anillos de su tronco. Cada árbol muerto tendría el deber de llevarse con él (al cielo o al infierno de los árboles) un ser humano a la tumba; ese ser humano, de acuerdo con sus mitos, quedaría eternamente prisionero de ese infierno o cielo vegetal y, por tanto, sin derecho a aspirar al cielo o al infierno reservado a las personas.

prometer

amasarte
  templarte
    evaporarte
peinarte con los dedos
      despeinarte
pulsarte y afinarte y elegirte
cicatrizarte
    y verte
regresar de los puntos cardinales
con un gran ramillete de planetas

trazarte como elíptica
girarte de una forma
y de otra forma y otra

volcarte
  desbocarte
      despintarte
caberte
  incontrolarte
      despeñarte
impulsarte
  llevarte
    acompañarte
regresarte
    curarte
reconocerte
   darte

alimentarte
       hablarte
           despensarte

elegirte hacia atrás y hacia delante

vivirte desvivirte

(días sin horas horas sin minutos
minutos sin segundos y segundos

más veloces que el tiempo
fugitivos del tiempo

implosión de lo inmóvil
en la vida agitada de la carne)

buscarte con linternas
y buscarte cegado por tu cuerpo
buscarte hacia delante y hacia atrás
buscarte solo y ayudado
por búhos y elefantes

buscarte si te pierdes
para que no te pierdas
          para que
en nosotros se cumpla lo incumplible

(atravesar contigo al otro lado
y atravesar contigo hacia este lado

y dormirme contigo en el sinlado
de la felicidad)

NOVELA DE AMOR SIN MARTA GRANT (DOS)

Me hablas de tus amigos porque hoy tienes ganas
                                [de organizar una fiesta

y te has puesto la blusa mostaza
y has comprado pasteles de pistacho
y me invitas, antes de que lleguen, a bailar "Burma shave"
y te pones a pegar cometas por todas las paredes de la casa.

Marc es un colgado, sí, está loco, pero es tan dulce.
Helen juega al ajedrez con Saturno, no me preguntes cómo,
                                        [y siempre pierde
        y entonces llora y llora hasta que Charles la abraza.
Cindy adora la sombra de su mano y siempre lleva
                                [*una linterna en el*
        bolsillo para proyectarla sobre las paredes, los pechos, los
libros.

Me hablas con tu voz robada a las ardillas
y te amo por eso.
Me miras con tus ojos robados al *pipal* gigantesco
                                [que se asoma a las
        ventanas delanteras
y te amo por eso.
Me rozas con tu piel robada a las nubes monzónicas
y te amo por eso.

Me pides que vaya preparando el té, liando algunos
[canutos, comprobando
si las cervezas ya se han enfriado.
Mientras, tú colocas la tela roja con espirales estampadas
[como cortina en la
puerta de entrada y pinchas con alfileres en ella un
BIENVENIDOS, FANTASMAS escrito en azul tembloroso.

A Leonore no le gustan las mesas.
A Sean no le gustan los zapatos.
A Bob no le gusta la palabra Vacío.
A Sussy no le gusta el pan integral.
A Anne no le gusta hacer el amor con hombres de Ohio.

Te amo porque tus piernas llevan a todos los países.
Te amo porque el peine se duerme cuando me desenredas
[el pelo.
Te amo porque no dejas ninguna parte de ti escondida
[en el espejo.
Te amo porque me deseas mientras bato una bechamel
[y roturas cortafuegos
con tus uñas en mi espalda antes de incendiar el bosque.
Te amo porque es el modo más verdadero de ser mis pasos.
Te amo porque por la noche qué harás sino ser todos
[los cuentos y todas
las noches y todas las canciones de Tom Waits.

Bob perdió un perro llamado Niebla cuando tenía seis años
y todavía lo anda buscando.
Mary, bueno, no creas las mentiras que cuente sobre mí.
Harry salta como una rana cuando está triste.

Todo está listo pero nadie llega.
　　　La fiesta para anunciar a tus amigos que estamos juntos
　　　desde antes de los dinosaurios y las glaciaciones
está encendida pero nadie llega.

Nadie llega para alzar la tela roja con espirales, volar las
　　　cometas, comer pasteles de pistacho, beberse el té y las
　　　cervezas, fumarse los canutos, bailar descalzos en un
　　　suelo sembrado de lunas de purpurina.

Nadie llega pero yo te amo porque tus amigos
　　　　　　　　　　　　　[están muertos y lo sé
y aun así les has montado una fiesta para mostrarles
　　　　　　　　　　　　　　　　[nuestro amor.

Te amo porque pintas en la pared una furgoneta rodando
　　　　　　　　　　　　　　　　[por un barranco
y lloras como queriendo detenerla.

Y sin dejar de llorar me abrazas y me dices

y la sonrisa de Paul es la tuya.
　　　　　　　　　　¿Entiendes?

Índice

INTEMPERIE DEL DESEO
de Jesús Aguado
-7/10 de la Colección Capitanes 1-
se terminó de editar y maquetar
por Nautilus Ediciones
en Zaragoza, España,
en abril de 2024.